LE LIVRE
DES ENFANTS,

OU

MÉTHODE AISÉE

POUR

APPRENDRE A LIRE EN FRANÇAIS.

—◈—

A VANNES

LIBRAIRIE DE LA MAISON DE LAMARZELLE

PLACE DES LICES.

1853.

Vannes. — Imp. de Gust. de Lamarzelle.

Le Livre des Enfants.

Lettres courantes Romaines.

a b c d e f g h
j k l m n o p q r
s t u v x y z.

Lettres capitales Romaines.

A B C D E F G
H I J K L M N
O P Q R S T U
V X Y Z.

Lettres courantes Italiques.

a b c d e f g
h i j k l m n o p
q r s t u v x y z

Lettres capitales Italiques.

A B C D E F G
H I J K L M N
O P Q R S T U
V X Y Z.

Lettres accentuées.

â é è ê ë î ï ô ù û ü

â é è é ë í ï ó ù ú ü

ffi fl ffl w æ œ

ffi fl ffl w œ œ

W Æ Œ.

Syllabes de deux Lettres.

Ba be bé bê bi bo bu.
Ca ce cé cê ci co cu.
Da de dé dê di do du.
Fa fe fé fê fi fo fu.
Ga ge gé gê gi go gu.
Ha he hé hê hi ho hu.
Ja je jé jê ji jo ju.
La le lé lê li lo lu.
Ma me mé mê mi mo mu.
Na ne né nê ni no nu.

Des enfants.

Pa pe pé pê pi po pu,
Ra re ré rê ri ro ru.
Sa se sé sê si so su.
Ta te té tê ti to tu.
Va ve vé vê vi vo vu.
Xa xe xé xê xi xo xu.
Za ze zé zê zi zo zu.

Syllabes de trois Lettres.

Bla ble blé blê bli blo blu.
Bra bre bré brê bri bro bru.
Cha che ché chê chi cho chu.

Cla cle clé clê cli clo clu.
Cra cre cré crê cri cro cru.
Dra dre dré drê dri dro dru.
Fla fle flé flê fli flo flu.
Gla gle glé glê gli glo glu.
Gna gne gné gnê gni gno gnu.
Gra gre gré grê gri gro gru.
Gua gue gué guê gui guo guu.
Pha phe phé phê phi pho phu.
Pla ple plé plê pli plo plu.
Pra pre pré prê pri pro pru.
Qua que qué quê qui quo quu.
Spa spe spé spê spi spo spu.

Sta ste sté stê sti sto stu.
Tla tle tlé tlê tli tlo tlu.
Tra tre tré trê tri tro tru.
Vla vle vlé vlê vli vlo vlu.
Vra vre vré vrê vri vro vru.

Mots de deux syllabes.

Ba le, bê te, bi se,   bu te
Ca ve, cè ne, ci re, cô ne, cu ve
Da me, de mi, dî me, dô me, du pe
Fa ce, fê lé, fi le, fo ré, fu té
Ga ge, gê ne, gî te, go be, gué ri

Hà le, hê re, hi re, hô te, hu re
Ja va, Jé sus,   jo li, ju ge
La ve, lè ve, li me, lo ge, lu ne
Mâ le, mè re, mi ne, mo de, mu le
Na pe,   Ni ce, no ce, nu le
Pa pe, pè re, pi pe, pô le, pu ce
Qua si, quê te. Qui to,   quo te
Ra ve, rê ve, ri me, Ro me, ru se
Sa le, sè ve, si re, so le, su ze
Ta xe, tê te, ti ge, to me, tu be
Va se, ve lu, vi ce, vo lé, vue.

Autres mots de deux syllabes dont la première est composée de deux lettres.

Balai, Benêt, bénir, bête, bidon, bocal, butor.

Canon, cela, céder, cène, ciron, cocon, curé.

Damer, dedans, démon, divin, dodu, ducat.

Fanal, félon, férie, fête, filou, folie, fusil.

Galon, genou, gérer gêne, gilet, gober.

Habit, héron, hêtre, hiver, homard, humain.

Jalon, jeter, joli, jurer,
Lacet, levain, légal, lèpre, limer, loquet, lutin.
Marin, menu, métal, même, midi, moral, mulet.
Nabot, neveu, nèfle, niche, notre, nuque.
Patin, petit, pédant, pêche, piton, poli, punir.
Rabot, rebut, récit, règle, rival, rolet, ruban.
Savon, semis, serin, sèche, sirop, sole, sucre.
Tabac, tenir, témoin, têtard, timon, tuteur.

Valet, velu, vélin, vêtu, vilain, voleur.

Syllabes de quatre et cinq Lettres.

Bails, beils, beins, bons, burs.
Cais, cens, cins, cors, curs.
Chra, chre, chri, chro, chru..
Dais, dens, dins, dons, duns.
Fant, fers, fens, fort, furt.
Gard, gers, gins, gons, guet.
Hail, heis, hins, hours, hues.
J'ai, j'eus, j'ins, j'obs, just.
Lain, lens, lins, lons, lues.

Mais, mens, mins, mons, murs.
Nain, ners, nirs, nois, nues.
Pais, pens, pins, pons, purs.
Quais, ques, quin, qu'on, qu'un.
Rais, reils, reins, rons, ruts.
Sain, sens, sins, sons, stru.
Vair, vens, vins, vons, vues.

Mots de trois syllabes.

A bat tre.
ba lan cer.
châ ti er.
dé li vrer.
ef fa cer.

fri cas ser.
gour man der.
ha bi ter.
jar di ner.
la bou rer.

Des Enfants.

mas sa crer.	ré pon dre.
net toy er.	sou met tre.
or don ner..	té moi gner.
par cou rir.	ven dan ger.
que rel ler.	zé la teur.

Mots de quatre syllabes.

Ac cou tu mer.	jus ti fi er.
bal bu ti er,	lé gi ti mer.
ca ra co ler.	mor ti fi er.
dé mé na ger.	né go ci er.
é cha fau der.	or ga ni ser.
fan fa ron ner.	phi lo so pher.
ges ti cu ler.	ques ti on ner.
her bo ri ser.	re com men cer.

sa cri fi er. | ver ba li ser.
tran quil li ser. | zé do ai re.

PIÈCE DE LECTURE.

COMPOSÉE DE MONOSYLLABES.

Dieu a fait le Ciel et tout ce qu'on voit sous les cieux, tout ce qui est dans les eaux, et en tout lieu. Il a fait le jour et la nuit.

Dieu voit tout. Il voit le bien et le mal qu'on fait. Il voit tout ce qui est dans nos cœurs. Dieu fait tout ce qui lui plaît. Il a fait tout ce qui est dans les airs. Il tient tous les biens dans sa main.

Dieu est le Roi des Rois, le Saint des Saints, le Dieu des Dieux. Nos vœux et nos cœurs sont ce qui lui plaît le mieux. Quand on a la foi, on croit tout ce qu'il a fait pour nous.

EXEMPLES

Qui font voir que la Syllabe ent *a le même son que l'e muet à la fin des mots auxquels on peut joindre* ils *ou* elles : *mais qu'elle se prononce à la fin de tous les autres mots.*

Les hom-mes s'ai-ment
ra-re-ment
Les oi-seaux cou-vent
sou-vent
Les en-fans ai-ment
le mou-ve-ment
Les pa-res-seux s'a-ni-ment
dif-fi-ci-le-ment

Des Enfants.

Les bra-ves gens s'es-ti-ment
mu-tu-el-le-ment
Les da-mes s'ex-pri-ment
dé-li-ca-te-ment
Les chi-mè-res se for-ment
ai-sé-ment
Les bons livres s'im-pri-ment
soi-gneu-se-ment
Les enfants s'ac-cou-tu-ment
fa-ci-le-ment
Les pol-trons s'a-lar-ment
ai-sé-ment
Les fous se ren-fer-ment
é-troi-te-ment

Les dé-fauts se ré-for-ment
 ra-re-ment
Les a-va-res s'en-dor-ment
 dif-fi-ci-le-ment
Les vieil-lards s'en-rhu-ment
 prom-pte-ment

L'Oraison Dominicale.

No tre Pè re qui ê tes dans les Ci eux, que vo tre nom soit sanc ti fi é, que vo tre rè gne ar ri ve, que vo tre vo lon té soit fai te en la ter re com me au Ciel.

Don nez-nous au jour d'hui no tre pain quo ti di en, et nous par don nez nos of fen ses, comme nous par don nons à ceux qui nous ont of fen sés, et ne nous a ban don nez point à la ten ta ti on, mais dé li vrez-nous du mal. Ain si soit-il.

La Salutation Angélique.

Je vous sa lue, Ma rie, plei ne de grâ ce; le Sei gneur est a vec vous, vous ê tes bé nie en tre tou tes les femmes, et Jé sus, le fruit de vo tre ventre est bé ni.

Sain te Ma rie, mè re de Di‑
eu, pri ez pour nous, pau vres
pé cheurs, main te nant et à
l'heu re de no tre mort.

Le symbole des Apôtres.

Je crois en Di eu, le Pè re
tout-puis sant, Cré a teur du
Ci el et de la ter re, et en Jé‑
sus-Christ son Fils u ni que,
Notre Sei gneur, qui a été con‑
çu du Saint-Es prit et est ne
de la Vi er ge Ma rie, a souf‑
fert sous Ponce-Pi la te, a é té
cru ci fi é, est mort et a é té

en se ve li, est des cen du aux en fers, le troi si è me jour est res sus ci té des morts, est monté aux Ci eux, est as sis à la droi te de Di eu le Pè re tout-puis sant, d'où il vien dra ju ger les vi vants et les morts.

Je crois au Saint-Es prit, la sain te Egli se Ca tho li que, la Com mu n ion des Saints, la ré mis si on des pé chés, la ré sur rec tion de la chair, la vie e ter nel le. Ain si soit-il.

Le Livre

Confession des péchés.

Je me confes se à Dieu tout-puis sant, à la bien heu reu se Ma rie tou jours Vier ge, à saint Mi chel Ar chan ge, à saint Jean-Bap tis te, aux A pô tres saint Pi er re et saint Paul, à tous les Saints, et à vous, mon Pè re, de tous les pé chés que j'ai com mis en pen sées, pa ro-les et ac ti ons : par ma fau te, par ma fau te, par ma très-gran de faute. C'est pour quoi je sup plie la bien heu se Ma rie tou jours Vier ge, saint

Des Enfants.

Mi chel Ar chan ge, saint Jean-Bap tis te, les A pô tres saint Pi er re et saint Paul, tous les Saints, et vous, mon Pè re, de pri er pour moi le Sei gneur no tre Dieu.

Que le Sei gneur tout-puis-sant et tout mi sé ri cor di eux nous ac cor de le par don, l'ab-so lu ti on et la ré mis si on de nos pé chés. Ain si soi-il.

Les dix Commandements de Dieu.

1. Un seul Dieu tu adoreras
   Et aimeras parfaitement.
2. Dieu en vain tu ne jureras
   Ni autre chose pareillement.
3. Les Dimanches tu garderas
   En servant Dieu dévotement.
4. Tes Père et mère honoreras
   Afin que tu vives longuement.
5. Homicide point ne seras
   De fait ni volontairement.
6. Luxurieux point ne seras
   De corps ni de consentement.

7. Les biens d'autrui tu ne prendras
 Ni retiendras injustement.
8. Faux témoignage ne diras
 Ni mentiras aucunement.
9. L'œuvre de chair ne désiras
 Qu'en mariage seulement.
10 Biens d'autrui ne convoiteras
 Pour les avoir injustement.

―――――――――――――――――――――

Les six Commandements de l'Église.

1. Les fêtes tu sanctifieras
 Qui te sont de commandement.

2. Les Dimanches Messe entendras
Et les Fêtes pareillement.
3. Tous tes péchés confesseras
A tout le moins une fois l'an.
4. Ton Créateur tu recevras
Au moins à Pâques humblement.
5. Quatre-temps, vigiles jeûneras
Et le Carême entièrement.
6. Vendredi chair ne mangeras
Ni le Samedi mêmement.

Acte de Foi.

Mon Dieu, je crois fermement tout ce que vous avez révélé à votre Eglise, parce que c'est vous qui l'avez dit et que vous ne pouvez me tromper.

Acte d'Espérance.

Mon Dieu, j'espère avec confiance de votre bonté infinie, par les mérites de notre Sauveur Jésus-Christ, votre Cher Fils, le secours de votre grâce en ce monde, et la vie éternelle en l'autre.

Acte de Charité.

Mon Dieu, je vous aime de tout mon cœur, par-dessus toutes choses parce que vous êtes infiniment bon, infiniment aimable; j'aime aussi mon prochain comme moi-même, pour l'amour de vous.

Acte de Contrition.

Mon Dieu, j'ai grand regret de vous avoir offensé, parce que vous êtes infiniment bon, infiniment aimable, et que le péché vous déplaît; je me propose fermement, moyennant votre sainte grâce, de n'y plus retomber.

Invocation à Dieu, avant le repas.

Bénissez-nous, Seigneur, et ce que vous nous donnez pour la nourriture ne nos corps, et faites-nous la grâce d'en user sobrement. Au nom du Père, et du Fils, et du Saint-Esprit. Ainsi soit-il.

Prière après le repas.

Nous vous rendons grâce, ô Dieu tout-puissant, pour tous les biens que nous avons reçus de vous. Faites-nous la grâce d'en faire un bon usage. Donnez, Seigneur, la vie éternelle à ceux qui nous font

du bien pour l'amour de vou[s]
et que, par vos miséricordes, le[s]
âmes des fidèles qui sont mor[ts]
reposent en paix. Ain si soit-il.

Prière en se couchant.

Bénissez, ô mon Dieu, le repo[s]
que je vais prendre pour répar[er]
mes forces, afin de vous mieux se[r]-
vir. Vierge sainte, Mère de mo[n]
Dieu, et après lui mon uniqu[e]
espérance; mon bon ange, mo[n]
saint Patron, intercédez pour mo[i],
protégez-moi, pendant cette nui[t,]
tout le temps de ma vie, et part[i]-
culièrement à l'heure de ma mor[t.]
Ainsi soit-il.

FIN.

www.ingramcontent.com/pod-product-compliance
Lightning Source LLC
Chambersburg PA
CBHW060913050426
42453CB00010B/1698